SOCIÉTÉ NATIONALE D'AGRICULTURE DE FRANCE

18, RUE DE BELLECHASSE, PARIS

RAPPORT SUR LES PROPOSITIONS

TENDANT A RÉGLEMENTER

L'INDEMNITÉ A ACCORDER

AU FERMIER SORTANT

PAR

M. LECOUTEUX

PARIS

TYPOGRAPHIE GEORGES CHAMEROT

19, RUE DES SAINTS-PÈRES, 19

1891

SOCIÉTÉ NATIONALE D'AGRICULTURE DE FRANCE

18, RUE DE BELLECHASSE, PARIS

RAPPORT SUR LES PROPOSITIONS

TENDANT A RÉGLEMENTER

L'INDEMNITÉ A ACCORDER

AU FERMIER SORTANT

PAR

M. LECOUTEUX

PARIS

TYPOGRAPHIE GEORGES CHAMEROT

19, RUE DES SAINTS-PÈRES, 19

—

1891

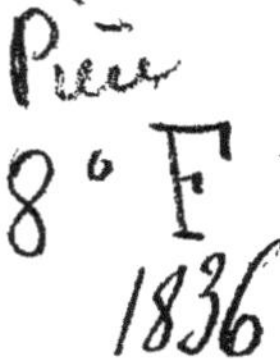

RAPPORT SUR LES PROPOSITIONS

TENDANT A RÉGLEMENTER

L'INDEMNITÉ A ACCORDER AU FERMIER SORTANT

PAR

M. LECOUTEUX [1]

A la réforme des baux à ferme se rattache directement la question de *l'indemnité au fermier sortant* qui, au cours de son bail et à ses frais, avec ou sans le consentement du propriétaire, a entrepris et mené à bonne fin des *améliorations foncières* ou *culturales* s'attestant par la plus-value du domaine affermé.

I

Deux systèmes sont en présence qui, l'un et l'autre, ont pour but d'intéresser les fermiers aux *améliorations foncières* et aux *améliorations culturales*. Sous le premier de ces titres se classent les améliorations qui s'incorporent à l'immeuble sous forme de constructions, d'ouvrages

(1) Rapport fait au nom de la Commission spéciale formée par les trois Sections de grande culture, d'économie des animaux et d'économie, de statistique et de législation agricoles.

d'art, d'irrigations, de drainages, de desséchement, de plantations, de chemins et clôtures, etc. Sous le titre d'*améliorations culturales*, sont classées celles qui se présentent sous forme de labours profonds, de capitalisation d'engrais en terre, de marnages, d'opérations agricoles d'un effet essentiellement temporaire et donnant lieu à des avances qui peuvent être récupérées par le fermier avant l'expiration de son bail.

Mais, autant l'accord est parfait sur le *but à atteindre*, autant il y a désaccord sur les *moyens à mettre en œuvre*. D'une part, on soutient, au nom du salut public, que l'État doit intervenir par une loi qui confère au fermier ou preneur le *droit d'améliorer* le domaine dont il n'est que l'exploitant passager, et qui, de plus, lui accorde le droit de cumuler ce privilège avec le droit de se faire rembourser, en fin de bail et par le propriétaire, même non consulté, même opposant, le montant des dépenses, dont lui, fermier, n'aurait pas eu le temps de jouir. D'autre part, on soutient, au nom de la liberté des transactions, que la loi actuelle, par cela seul qu'elle n'apporte aucun obstacle à l'entente des bailleurs et preneurs disposés aux améliorations agricoles, n'a pas besoin d'être appuyée par de nouvelles lois intervenant dans le domaine d'intérêts qui doivent, en nos pays libres, se débattre de gré à gré entre les parties contractantes.

II

Entre ces deux principaux systèmes visant les améliorations agricoles sur les propriétés affermées, se place un système mixte présenté par M. Baudrillart, membre de la Commission. Les idées de M. Baudrillart ont été résumées par lui-même dans une note qui peut être regardée comme l'expression très saisissante des opinions le plus généralement émises en faveur de l'indemnité. A ce titre et sur la demande expresse de la Commission, elle avait droit à figurer textuellement dans le Rapport. La voici :

« **M. H. Baudrillart** soutient que l'indemnité de plus-value n'est pas nécessairement incompatible avec le respect de la propriété et la liberté des conventions. Autoriser, par exemple, le fermier à prendre l'initiative des améliorations culturales à la condition de ne pas dénaturer le fonds n'aurait rien d'exorbitant. On pourrait même, pour que le propriétaire ne se trouvât pas en face de demandes écrasantes, n'autoriser les dépenses du fermier que dans une mesure qui établirait une certaine proportion entre leur chiffre autorisé et la valeur du domaine.

« **M.** Baudrillart proteste contre l'idée de vouloir imposer le progrès par des lois de contrainte. Les obligations de la propriété envers la terre sont d'ordre purement moral et social. Ce qui est d'ordre légal, c'est la justice. Or, l'article du Code civil qui veut que le preneur paye des dommages-intérêts au bailleur, s'il a dégradé le sol ou la ferme, appellerait une contre-partie naturelle dans le droit du fermier à être indemnisé pour ses avances, tandis que, s'il est évincé, le propriétaire en profite seul. Est-ce répondre d'une manière satisfaisante, demande M. Baudrillart, que de dire que le fermier n'était pas obligé aux améliorations, qu'il agissait à ses risques et périls ? L'équité n'en est pas moins violée, et c'est justement pour que le fermier soit encouragé aux améliorations qu'on demande la garantie d'indemnité.

« Ne pourrait-on résoudre la question sans tomber dans les exagérations radicales de certains projets ? Ne pourrait-on faire une loi qui établirait les droits et obligations des parties, la nature et l'étendue des travaux autorisés, la juridiction appelée à juger les conflits, etc., et qui serait obligatoire, sauf la volonté expresse des parties contractantes de s'y soustraire? L'expérience serait prise pour juge, sans violence aucune faite à la liberté des contrats.

« Les difficultés pratiques qu'on invoque sont-elles inextricables? Le principe de l'indemnité au fermier est reconnu et appliqué par plusieurs pays : l'Angleterre, quelques parties de l'Allemagne, de la Suisse, de la Belgique, et il se fait de libres conventions en ce sens dans le département du Nord. Ces coutumes et ces lois persisteraient-elles si l'on s'en trouvait si mal et si l'on n'y reconnaissait de sérieux avantages? Ne voyons-nous pas en France des sociétés d'agriculture nombreuses et importantes, qui sont entièrement composées d'hommes pratiques, ne pas reculer devant l'application du principe de l'indemnité, qu'elles regardent, ainsi que l'a fait le Congrès international d'agriculture de l'Exposition universelle de 1889, comme un acte de justice et comme une mesure d'encouragement pour le progrès agricole? On peut donc l'admettre, tout en répudiant hautement les propositions aussi funestes à la société qu'à l'agriculture, qui constitueraient une oppression pour la propriété. »

Dans l'opinion de la majorité de la Commission, la proposition de M. Baudrillart, si modérée soit-elle par sa forme, n'en est pas moins empreinte d'un vice originel : elle substitue la loi à la libre initiative privée. Elle ne constitue pas, en réalité, un troisième mode de solution du problème soulevé par l'indemnité au fermier sortant. Deux systèmes seuls restent dans le débat : d'un côté, la réglementation des baux par une loi spéciale sur les améliorations agricoles ; de l'autre, la liberté des conventions rendue plus efficace par le développement de l'instruction professionnelle. Le système de la liberté a prévalu dans la Commission. Le rapporteur a dû se conformer à la décision de la majorité ; il ne pouvait oublier qu'il a été choisi en conséquence de cette décision, mais c'est avec bonheur qu'il rend hommage à l'énergie qui a porté son collègue, M. Baudrillart, à *répudier hautement les propositions aussi funestes à la société et à l'agriculture qui constitueraient une oppression pour la propriété*. Encore une fois, la Commission ne repousse pas le principe de l'indemnité, et puisque M. Baudrillart lui-même se plaît à le signaler en pleine application dans le nord de la France, il y a là une preuve éclatante de l'inutilité de la contrainte légale pour le convertir en fait.

III

Les partisans de l'intervention de l'État invoquent de hautes raisons de salut public. Ils posent en fait que l'un des meilleurs moyens de combattre la concurrence étrangère, c'est d'accroître, par l'amélioration du sol, le rendement des récoltes, Et partant de cette nécessité d'intérêt national, ils estiment que les fermiers améliorateurs ne doivent pas être plus longtemps à la merci des propriétaires récalcitrants. Ils ajoutent qu'il faut, par la contrainte légale, forcer la main de ces retardataires, de ces opposants au progrès, et que, d'ailleurs, les propriétaires auront toujours, s'ils ne veulent se soumettre à la loi du salut public, la liberté, soit d'exploiter par eux-mêmes, soit d'aliéner leurs terres au profit de nouveaux détenteurs qui sauront, pourront et voudront en tirer meilleur parti. Ainsi, sous la protection des lois, se liquiderait, à bref délai, la propriété rurale. Ainsi se formerait, espère-t-on, une nouvelle classe de propriétaires qui, détenteurs du sol, sauraient que, si la propriété donne des droits, elle impose aussi des devoirs, et entre autres le devoir de contribuer à sa bonne exploitation en secondant les fermiers à bail.

Par contre, les tenants de la non-intervention de l'Etat, en matière de louage de biens ruraux, ripostent qu'il n'est pas encore démontré que les réfractaires au progrès agricole soient toujours et partout les propriétaires, puisqu'il n'est pas sans exemple que beaucoup de propriétaires n'ont rien négligé pour entraîner leurs fermiers dans la voie des améliorations, soit en leur procurant des facilités de payement du bail, soit en louant à des prix très modérés, soit enfin en concourant aux avances reconnues utiles par les deux parties. Évidemment, ce n'est pas pour ces propriétaires améliorateurs que la contrainte légale est demandée. La loi n'a pas ici à vaincre des résistances qui n'existent pas.

Toujours est-il que si certains détenteurs du sol sont prêts à solidariser leurs intérêts avec ceux de leurs fermiers améliorateurs, il s'en trouve d'autres qui ont de grandes responsabilités de famille, sont très obérés, sont forcés de compter avec des engagements à plus ou moins longue échéance et de régler leurs dépenses, non seulement en vue du présent, mais aussi en prévision de l'avenir. Toujours est-il, par conséquent, que, dans la question des baux, ces situations sont autant de facteurs à prendre en sérieuse considération. Il n'y a pas que de grands propriétaires dont la fortune ne soit pas à la hauteur des sacrifices à faire pour entreprendre d'utiles améliorations, il y a, dans notre pays de successions égalitaires, de nombreuses familles qui tirent leurs précaires revenus de la petite propriété.

On dit que le salut public est une loi supérieure à l'intérêt privé ; on parle, dans cet ordre d'idées, du prolétariat qui, ne possédant pas le moindre lopin de terre, souffre d'un régime de propriété qui permet à une minorité d'occuper de vastes étendues territoriales condamnées par elle, sinon à l'inculture, tout au moins à une culture d'arrière-garde qui est pour beaucoup dans notre

triste moyenne nationale de 14 à 15 hectolitres de blé
par hectare. Et cela, alors qu'en certaines de nos contrées naguère vouées, elles aussi, aux petites récoltes,
on a presque doublé les rendements par une meilleure
exploitation du sol et du bétail. Le contraste prête à de
longues dissertations. On dit, non sans exagération :

« Puisqu'il y a possibilité de mieux faire dans nos pays
arriérés, pourquoi ne pas y importer une meilleure culture? Pourquoi, si les propriétaires sont responsables
de l'incurie, de la routine, de l'impuissance des fermiers,
ne pas contraindre les propriétaires à marcher de l'avant,
à consentir des baux en vertu desquels les fermiers
décideront, même sans l'approbation des bailleurs,
quelles améliorations doivent être faites, à la charge par
les propriétaires de leur rembourser, en fin de bail, les
dépenses ou partie des dépenses de ces améliorations? »

Votre commission a pensé, Messieurs, que ce serait
un très fâcheux élément de discorde, dans nos campagnes, que ce droit des fermiers condamnant leurs propriétaires à des travaux d'améliorations forcées. Orga-
niser un état de choses dans lequel les propriétaires
seraient amenés, soit à vendre leurs terres, soit à les
faire améliorer par la seule volonté des fermiers, ce ne
serait pas là précisément assurer la tranquillité publique,
ce serait créer des irritations, ce serait amoindrir consi-
dérablement le droit de la propriété telle que le travail
des générations antérieures l'a conquise, en grande
partie, par la puissance de l'épargne, souvent même à
la sueur du front de beaucoup de fermiers des plus mé-
ritants. C'est une des gloires, une des forces de la
France, que la propriété rurale, de plus en plus acces-
sible, soit l'une des meilleures bases de notre démocratie.
N'amoindrissons pas les sentiments qui se rattachent
au sol de la patrie possédé par le grand nombre.

Il est certain que nous comptons une classe de fermiers

riches de capital et de savoir professionnel qui ont tout ce qu'il faut pour réaliser des améliorations profitables aux divers intérêts en jeu dans les baux à ferme et que, par conséquent, le mieux c'est de leur donner toutes garanties amiables pour la rentrée de leurs avances limitées d'un commun accord. Mais cette classe de fermiers améliorateurs est-elle assez nombreuse pour accomplir, aussi vite qu'il le faudrait, la mise en haute valeur de nos terres qui ne rendent pas la moitié de ce qu'elles pourraient rendre par une culture plus intensive ? Il est permis d'en douter.

IV

En vérité, il est injuste de représenter les propriétaires comme étant le principal obstacle au progrès agricole. Dire qu'ils paralysent la bonne volonté des fermiers, c'est oublier que, dans certains pays, les fermiers améliorateurs n'ont pas été, non plus, sans commettre des fautes, sans faire beaucoup de victimes, à commencer par eux-mêmes. Tels domaines achetés 500 francs l'hectare et sur lesquels des fermiers avaient construit des étables, des granges, puis effectué des dérochements, des terrassements, ont été revendus au-dessous du prix de revient, frais d'achat et d'améliorations réunis. De tels mécomptes prouvent, assurément, qu'il y aurait danger, qu'il y aurait injustice à laisser les fermiers maîtres absolus de décider, dans leur omnipotence, les améliorations à entreprendre à leurs frais, mais avec la certitude que, de par la loi, elles leur seraient remboursées à leur sortie de la ferme. Armés d'un droit aussi exorbitant, ils ne courraient aucun risque de ruine, mais ils pourraient ruiner leurs trop confiants, leur trop impuissants bailleurs.

Il est vrai que si les propriétaires, une fois le bail commencé, n'avaient plus le droit d'empêcher les améliorations du fermier et, cependant, ne pouvaient se soustraire à l'obligation de rembourser ces améliorations faites malgré eux, un droit subsisterait pour la propriété, ce serait le droit de ne pas contracter bail avec des postulants dont les trop grandes ardeurs seraient à redouter. Jusqu'à présent, le choix du fermier a fait, en France, partie intégrante du droit de propriété. Le contester, l'amoindrir, serait un attentat des plus iniques contre la liberté des transactions. Tout propriétaire doit rester libre de refuser les fermiers dont il ne veut pas. Et réciproquement tout fermier doit rester libre d'accepter ou de refuser les conditions de tel ou tel bailleur. Ces libertés sont acquises à la propriété urbaine. L'égalité revendiquée par l'agriculture veut absolument que la propriété rurale soit, à cet égard, traitée comme la propriété urbaine. Invoquer le salut public à propos de ces conventions entre bailleurs et preneurs, ce serait méconnaître le rôle d'émancipation que la propriété rurale a joué dans notre pays depuis qu'elle a brisé les entraves d'autrefois, et multiplié ses détenteurs, ses fermiers, ses métayers.

V

Sur cette pente des entraînements plus illibéraux qu'on ne le voudrait au point de départ, il n'y a parfois qu'un pas à faire pour tomber dans les abîmes. On a compris qu'une loi sur l'indemnité au fermier sortant, comme l'entendent certains partisans de la culture améliorante décrétée au nom du salut public, rencontrerait des adversaires décidés à l'éluder légalement. On a compris que, dans cette disposition d'esprit, il y aurait des bailleurs imposant à leurs preneurs le renoncement à l'indemnité pour des améliorations dont lesdits preneurs auraient eu seuls l'initiative. De là, un article de projet de loi qui, s'inspirant de l'idée que nul ne peut se soustraire à la loi, interdit toute clause de bail consacrant le renoncement du fermier au remboursement de ses améliorations. Pour le coup, c'est significatif. De deux choses l'une : ou le bailleur se laissera lancer dans l'inconnu, dans les surprises, dans une série d'opérations dont il sera le simple témoin, en attendant que le preneur lui présente, fin de bail, la carte à payer forcément de par la loi, — ou le bailleur, auquel son état de fortune ne permettra pas de courir de telles aventures, choisira son fermier en conséquence de ses possibilités, de ses intentions.

On comprendrait l'intervention d'une nouvelle loi, si notre législation actuelle apportait le moindre obstacle aux améliorations agricoles par les fermiers et les propriétaires réglant *avant de passer bail*, et même au cours du bail, la nature et l'importance des améliorations à rembourser par le bailleur. Ainsi se consacrerait le principe d'équité qui, en cas d'agissements contraires, risquerait fort d'être violé, très violé. Mais, encore une fois, cette équité du bon sens, voilà précisément ce dont se méfient les partisans d'un ordre de choses où la propriété rurale deviendrait amélioratrice, ou ne serait pas. Votre Commission, Messieurs, repousse ce genre de solution par la contrainte légale. Elle croit fermement que la réforme des baux à ferme sera la conséquence, toute logique, d'une situation économique où la possession du sol impliquera, pour les propriétaires, la nécessité de s'associer à son amélioration. Le contraire amènerait de nombreuses catastrophes. Il aurait cela d'arbitraire qu'il faudrait d'abord s'entendre sur les types d'agricultures parfaites qu'il est opportun de substituer partout à d'autres modes d'exploitation qui ont, quant à présent, de meilleures raisons d'être. La connaissance de ces types de perfection est-elle le monopole des propriétaires ou le monopole des fermiers? C'est là une question qu'il serait prématuré de faire trancher législativement. Et dans cette situation, mieux vaut, sans aucun doute, laisser aux intérêts privés le soin d'agir à leur convenance. L'intérêt général y trouvera son compte.

VI

On insiste du côté des impatients qui trouvent que, sous le régime de la liberté, le progrès agricole n'ira pas aussi vite que sous le régime des améliorations par voie de contrainte légale. Ceux-là tiennent au principe de l'indemnité. Ils veulent qu'il soit inscrit dans la loi, ne fût-ce qu'à titre platonique et dût-il ne fonctionner qu'en cas de silence des parties. Ceux-là estiment que le principe d'indemnité, inscrit dans la loi, sera, pour le moins, un appel aux tièdes, aux indifférents, aux réfractaires qui préféreront accepter volontairement, de bonne grâce peut-être, ce que la loi leur imposerait s'ils ne la prévenaient pas. En d'autres termes, telle était, en d'autres temps et pour d'autres motifs, la menace de l'épée de Damoclès, telle serait la loi, menaçant de ses rigueurs les propriétaires qui ne mèneraient pas assez promptement l'amélioration de leurs domaines. Franchement, une loi ainsi comprise perdrait beaucoup de son prestige. Loin de préparer une meilleure agriculture, elle commencerait pas amener l'esprit public à faire mauvais accueil à des améliorations entachées d'injustice, de contrainte, parfois même de contresens économique, à leur origine. En général, un peuple habitué aux mœurs de la liberté n'aime pas qu'on lui impose le progrès malgré lui, alors surtout qu'il doit en payer les frais. Nos populations rurales sont de cette trempe. Elles acceptent qu'on les instruise, et non pas qu'on les soumette à des lois les contraignant à marcher contre la liberté des conventions, en matière de bail. Il est probable qu'une loi stipulant que, en cas de silence des parties, le principe de l'indemnité aurait force de loi, leur paraîtrait un présent dangereux, en ce qu'il choquerait leurs idées d'équité. Il est probable, surtout, que les nombreuses populations de la petite culture qui sont, en même temps et très heureusement, les nombreuses populations de la petite propriété, verraient de très mauvais œil cette intervention du législateur. Pour les convertir à cette innovation, il faudrait, au préalable, les convertir à cette idée que certains propriétaires de village n'en savent pas plus long que certains locataires sur ce qui convient le mieux à telle ou telle terre de petite culture.

<h2 style="text-align:center">VII</h2>

Une distinction a été faite. On admet à la rigueur que la loi d'indemnité au fermier sortant doit plutôt régir les améliorations foncières ou permanentes que les améliorations culturales ou temporaires. Les premières sont, en général, opérées par le propriétaire, plutôt que par le fermier, et c'est le contraire pour les secondes qui, effectuées au cours du bail par le fermier, peuvent disparaître, au gré du fermier lui-même, par certaines combinaisons d'assolement, par des récoltes épuisantes et exportées de la ferme, par des fumures moins abondantes, par des labours moins parfaits, par des négligences de sarclages, par des réductions d'effectif du bétail. Pour ces améliorations d'ordre cultural à effets de courte durée, on demande que le droit de les détruire, ou plutôt de récupérer les avances qu'elles ont nécessitées, appartienne, sauf compensations stipulées à l'avance et consistant habituellement en diminution du prix de fermage, à celui qui en a été le créateur, c'est-à-dire au fermier sortant ; car, dit-on, nul n'est tenu d'enrichir autrui, et il paraît de toute justice que le fermier qui a pris une terre en mauvais état et qui l'a rendue meilleure par son intelligence, son travail, son argent, soit remboursé proportionnellement à la plus-value due à son action personnelle. Rien de plus topique que cet argument : nul n'est forcé d'enrichir autrui. Mais, à plus forte raison, rien de plus topique, non plus, que cet autre argument, que, dans l'espèce, il n'est pas vrai qu'on enrichisse autrui, lorsque cet autrui est obligé de payer le cadeau qu'il n'a pas demandé et qui, peut-être même, lui est imposé malgré lui. Ici donc, encore, il doit appartenir au bailleur de juger lui-même s'il veut solder une plus-value qu'il n'a pas provoquée et dont le fermier a pu jouir avant la fin du bail.

VIII

Il serait vraiment étrange que cette liberté des transactions, objet de tant d'attaques actuelles, fût coupable de tous les méfaits dont elle est accablée. Il semblerait que, sous son égide, les pays de fermage n'aient pu s'élever à la tête du progrès agricole que parce qu'ils auraient triomphé des résistances d'une législation rebelle à toute innovation.

Mais où est-elle donc la loi qui empêche les parties contractantes de stipuler, avant la signature du bail et, mieux que cela, au cours du bail même, que telles *améliorations foncières* seront exécutées à telle époque par le preneur ou par le bailleur, à la charge par le preneur d'en payer les intérêts portés en accroissement du loyer si le propriétaire en a fait les avances, ou bien à la condition par le propriétaire de les rembourser si c'est, au contraire, le fermier qui les a faites de ses deniers? La formule de ces stipulations n'est pas à inventer. Nombre de baux les contiennent en toutes lettres. Une loi qui les imposerait serait une négation du droit de la propriété rurale, droit non moins respectable que celui de la propriété urbaine. Elle créerait des inégalités qui seraient mal reçues dans un pays où il y a plus de petites que de grandes propriétés.

En serait-il de même pour les améliorations culturales?

Ici encore, il faut reconnaître que bien imprudent serait le fermier qui se lancerait dans une entreprise de culture améliorante sans avoir pris toutes ses précautions pour ne pas laisser, comme on dit aux champs, ses plumes sur le terrain d'autrui. Bien naïf aussi serait le fermier qui, n'ayant pas à compter sur une équitable indemnité, ne transformerait pas, en fin de bail, *sa culture améliorante en culture épuisante*. Tout cela s'est vu et se voit, et c'est parce que, chaque année, il y a des milliers de fermiers entrants et de fermiers sortants, les uns détruisant l'œuvre d'amélioration des autres, que des hommes d'agriculture sentimentale, plutôt que d'agriculture rationnelle, ont dénoncé notre régime de fermage comme l'une des principales causes de notre lenteur dans les accroissements de produit brut et de produit net agricoles. A voir cet alternat de bien et de mal qui résulte du fermage ainsi basé, non sur la solidarité, mais sur l'antagonisme des intérêts des parties contractantes, il semble que la France ait pris à tâche de détruire d'un côté ce qu'elle édifie de l'autre et, par suite, de retarder les progrès de la fertilisation de son territoire. Et pourtant, nos plus riches contrées nous démontrent qu'il s'en faut de beaucoup que le fermage soit incompatible avec la culture améliorante, puisque, nulle part ailleurs que dans ces contrées, la terre ne se couvre de récoltes plus abondantes et ne s'exploite par des cultivateurs plus habiles.

La liberté des transactions a suffi pour intéresser ces fermiers d'élite à l'adoption des procédés, des instruments, des savantes combinaisons de la culture intensive. La nécessité a parlé. C'était assez pour les stimuler. Ils ont marché, mais non sans constater, parfois à leurs dépens, que, sans une bonne situation économique générale, il n'est pas de bonne situation agricole pour les individus.

IX

Les engrais chimiques, d'ailleurs, ont changé presque du tout au tout la face de la question de l'indemnité au fermier sortant. Nous ne sommes plus au temps où l'*agriculture par le fumier seulement* était une œuvre de longue haleine que les baux de courte durée maintenaient forcément à l'état d'exception. Il fallait alors capitaliser de fortes fumures qui restaient longtemps en terre en attendant leur conversion en récoltes. Sur la célèbre ferme de Grignon, par exemple, ces fumures non absorbées représentaient à chaque inventaire annuel un capital de 300 francs par hectare, c'est-à-dire presque le tiers du capital d'exploitation qui était de 1000 francs sur cette même unité de surface. En ce temps-là, il y avait, pour le fermier améliorateur, des garanties à prendre à l'effet de ne pas laisser en terre, à la fin du bail, trop d'engrais dont profiteraient ses successeurs sans les lui avoir payés. D'autre part, le propriétaire qui avait pris part aux améliorations et avait affermé en conséquence,

n'était pas, non plus, sans avoir besoin de garanties qu'il s'assurait en stipulant que, dans la dernière période de sa jouissance, le fermier entretiendrait un certain nombre d'hectares en fourrages et les ferait consommer sur la ferme, que les labours auraient une certaine profondeur, que, chaque année, un certain nombre d'hectares seraient marnés et fumés, etc.

Est-il possible, en matière d'indemnité au fermier sortant, d'assimiler les engrais chimiques au fumier ?

Assurément, non. Les engrais chimiques constituent un capital essentiellement circulant. Ils sont, pour la plupart, absorbés dans l'année de leur épandage. Ils se prêtent à l'improvisation des récoltes les plus splendides, non moins qu'à de prompts épuisements du sol dans lequel on ne les renouvellerait pas assez souvent. Ils sont ou un puissant moyen de culture améliorante, ou un puissant moyen de culture sans garantie d'avenir. Bref, ils sont ce qu'on peut appeler une arme à deux tranchants. Et plus d'une fois, selon les intérêts du moment, quand il s'est agi d'un domaine en vente ou d'une culture de fermier sortant, ils ont fait présenter une agriculture de parade qui ne saurait, pour les vrais connaisseurs, influencer ni des prix d'achat, ni des prix de location, ni des expertises de fermiers sortants. Et, considération décisive, dire qu'ils agissent rapidement, c'est dire que rien n'est plus facile pour un fermier de manœuvrer de manière à les récupérer avant sa sortie. Sans doute, ils sont une de nos plus importantes améliorations culturales ; mais, comme les autres améliorations culturales, ils sont une amélioration de passage qui, en équité, ne donne pas lieu à une indemnité, attendu que là où le fermier jouit de toutes ses avances, il ne laisse rien sur la ferme qu'il quitte, rien sinon des excédents de pailles provenant de meilleures récoltes que celles qu'il a trouvées. On peut s'entendre sur ces excédents, en se basant sur des différences d'état de lieux à l'entrée et à la sortie du fermier. Encore une fois, s'il y a eu des stipulations protectrices des intérêts en présence, la loi n'a rien à voir dans ces situations.

X

On s'est cru fondé à motiver l'indemnité pour raison d'améliorations sur l'obligation que la loi actuelle impose au fermier sortant de payer les dommages par lui causés au propriétaire, au cas où la ferme serait en moins bon état à la sortie qu'à l'entrée en jouissance. On a dit : Puisque le fermier paye les détériorations, il est juste qu'on lui rembourse ses améliorations.

Votre Commission, Messieurs, n'a pas cru devoir accepter cette prétendue réciprocité. A son avis, épuiser une terre, alors qu'on s'est obligé, à titre de fermier, à la cultiver en bon père de famille et à la remettre, à la fin du bail, au moins dans l'état où elle vous a été confiée, c'est battre monnaie avec un capital foncier que vous devez exploiter, mais non ruiner; c'est oublier que le droit du fermier a des limites qui sont dépassées lorsqu'il ne remplit pas les engagements contractés.

A l'avis aussi de votre Commission, prétendre au remboursement d'améliorations que le propriétaire n'a pas consenties, c'est imposer à celui-ci un état de choses qui l'expose à des expertises statuant sur des plus-values plus ou moins contestables, c'est reconnaître aux fermiers une liberté excessive, en ce sens qu'il n'est pas démontré que leur manière de comprendre les améliorations est, toujours et partout, la bonne manière de réaliser le progrès agricole. Pourquoi donc ne pas s'en rapporter, sur ce point comme sur tant d'autres, à l'habileté des intérêts privés, à l'habileté des propriétaires aussi bien qu'à l'habileté des fermiers, les uns et les autres s'entendant librement en vue de la culture la mieux appropriée au sol, au climat, à la situation économique, aux moyens d'action des participants ? Est-ce que la liberté des contrats cesserait, en matière de baux à ferme, d'être l'une des libertés nécessaires au progrès général, au progrès agricole surtout ? Est-ce que la liberté serait impuissante à solidariser les intérêts de la propriété et de l'agriculture ? Est-ce que la force des choses ne suffit pas à assigner à la propriété des devoirs devant lesquels elle ne peut plus reculer, forcée qu'elle est d'obéir à la loi des mutations qui, tôt ou tard, la fera passer aux mains des plus habiles à en tirer le meilleur parti, et pour eux-mêmes, et pour les intérêts généraux du pays ? N'est-ce pas méconnaître l'esprit libéral de nos lois sur la propriété limitée par le droit d'expropriation pour cause d'utilité publique, que d'investir les fermiers d'un droit d'amélioration qui, sous prétexte de salut public, pourrait se transformer en très dangereux privilège au profit d'une classe contre une autre classe ? Non, la liberté n'est pas là. Ce qui est là, c'est la discorde.

XI

Au résumé, Messieurs, votre Commission a deux convictions : la première, que les améliorations agricoles sont une des plus impérieuses nécessités de notre époque ; la seconde, que ce n'est pas une loi sur l'indemnité au fermier sortant qui peut le mieux et le plus vite les réaliser, mais que le meilleur moyen de les provoquer, c'est, avec la diffusion de l'instruction professionnelle, de créer une situation économique qui, devant l'État, place l'agriculture sur le pied de l'égalité avec les autres industries. Voilà ce que demande l'agriculture pour que des privilèges à telle ou telle classe de producteurs et de consommateurs n'éloignent pas, comme il en a été longtemps ainsi, les intelligences, les bras, les capitaux de son champ d'activité. Propriétaires et fermiers ont tout intérêt à se rapprocher pour remplacer l'agriculture à petites et précaires récoltes par une agriculture à plus grands rendements, à plus gros profits, à plus gros salaires. L'État y gagnera de plus gros impôts, c'est vrai, mais des impôts proportionnels à une plus grande aisance générale dans les villes et les campagnes. Donner à entendre à nos populations que la réglementation sera désormais la mère de tous progrès agricoles, ce n'est pas là une attitude à prendre dans un pays libre, c'est se méfier des heureuses conséquences qu'on est en droit d'attendre de l'enseignement répandu ou à répandre dans nos campagnes et dans la classe des propriétaires. Le progrès par l'instruction, telle est, Messieurs, la formule dont s'est inspirée votre Commission, lorsqu'elle a conclu contre la contrainte légale, appliquée à l'indemnité au fermier sortant. Le progrès de bon aloi, le progrès durable, elle ne l'attend pas seulement des écoles; elle l'attend du gouvernement, elle l'attend de la presse, elle l'attend des comices, des sociétés, des associations agricoles qui peuvent, dès à présent, provoquer, par des encouragements et récompenses, l'usage de baux à ferme conciliant, mieux que par le passé, les intérêts des propriétaires et des fermiers. Qu'un grand mouvement s'accentue dans ce sens, et ceux-là qui, avec les meilleures intentions, ont espéré le progrès par la loi envahissant de plus en plus le domaine des intérêts privés, ceux-là reconnaîtront que la liberté des transactions est une de ces libertés qui méritent confiance et respect. Elle a fait la grandeur de l'industrie. Il n'y a pas de raison pour qu'elle ne fasse pas la grandeur de l'agriculture, aussitôt que, plus instruites dans l'art d'améliorer et d'exploiter le sol, la propriété et l'agriculture sauront s'en servir.

Par ces motifs, votre Commission vous propose, Messieurs, de repousser, au nom de la liberté des transactions, le principe de l'intervention d'une loi spéciale tendant à réglementer l'indemnité au fermier sortant à raison des avances qu'il a faites, au cours de son bail, sur le domaine affermé.

PIÈCE ANNEXE

Voici un document officiel, qui établit l'importance respective des divers modes de faire-valoir. On y trouve la preuve que l'exploitation directe, c'est-à-dire par le propriétaire sans fermier ni métayer, est, de beaucoup, le faire-valoir qui domine en France. C'est là, assurément, l'un des faits à prendre en considération avant de se prononcer sur la question de l'indemnité au fermier sortant; mais ce fait n'est pas exclusif des autres faits qui ont aussi leur valeur pour ou contre le principe à fait prévaloir dans le problème de la réforme des baux à ferme.

Situation en 1882 d'après la statistique officielle.

MODES de FAIRE-VALOIR	SUPERFICIE cultivée.	SUPERFICIE moyenne par mode de faire-valoir.	SUPERFICIE proportionnelle par mode de faire-valoir.	PROPRIÉTAIRES ou CULTIVATEURS. Nombre total.	PROPRIÉTAIRES ou CULTIVATEURS.
	hectares.	hectares.	P. 100	Nombre total.	P. 100
Par propriétaires (faire-valoir direct).	19,380,089	4,48	59,77	4,324,917	79,76
Par fermiers (fermage).	8,953,118	11,94	27,24	749,559	13,82
Par métayers (métayage).	4,539,322	13,04	12,99	347,858	6,42
	32,872,529	6,07	100,00	5,422,334	100,00

Le tableau ci-dessus, dressé d'après les chiffres de la statistique émanée du Ministère de l'agriculture, démontre que le faire-valoir direct par le propriétaire ou par régisseurs et maîtres-valets exploite à lui seul les trois cinquièmes de nos biens ruraux, et qu'il y a 4 propriétaires-cultivateurs contre 1 fermier ou métayer. Il démontre donc que la petite propriété, au lieu de s'adresser au fermage et au métayage, cultive directement sa terre par elle-même, plus que ne le fait la grande propriété. Il démontre, par cela même, que le fermage n'exploite que 14 p. 100 de notre territoire agricole, et que, par conséquent, l'indemnité par contrainte légale au fermier sortant n'aurait pas la portée d'amélioration qu'on lui suppose, abstraction faite des considérations qui lui donnent un caractère offensif contre la propriété.

Quoi qu'il en soit, il suffit que le fermage ressente parfois les désastreux effets des crises économiques, pour que les propriétaires de biens ruraux affermés se trouvent très intéressés à le rendre plus stable dans ses revenus. C'est le cas de l'envisager par un de ses points les plus culminants, et alors on reconnaîtra bientôt que, dans les terres de haute valeur vénale, il est fort heureux qu'à côté d'une classe de riches fermiers pouvant disposer d'un *capital d'exploitation* de 800 à 1,000 francs par hectare, il y ait une classe de propriétaires renonçant à faire valoir à leur propre compte leurs grands domaines où chaque hectare représente un *capital foncier* de 3,000 à 5,000 francs donnant généralement un revenu de 2,50 à 3 p. 100, tandis que le capital des fermiers rapporte davantage en année ordinaire. Dans ces conditions, il faudrait être millionnaire pour être tout à la fois propriétaire et fermier d'un même domaine, tandis que, par un très heureux partage de ces deux rôles, deux fortunes parviennent à s'entendre pour une entreprise d'autant plus fructueuse qu'on y applique l'une des plus grandes lois de l'économie rurale, le rapport harmonique entre le capital et la terre. La liberté des conventions est-elle donc impuissante à réaliser cette loi ? N'est-elle pas, au contraire, une facilité pour concilier les intérêts de la propriété et de l'agriculture ? Et dès lors, à quoi bon légiférer, à quoi bon réglementer des contrats qui peuvent engendrer le progrès agricole par la liberté et par l'instruction professionnelle ? Est-il dans le rôle de la démocratie de ne pas avoir confiance en ces deux forces ? Non, mille fois non : il n'y a pas d'autre conclusion possible chez les esprits qui savent ce que valent la liberté du travail et de la propriété. En somme, la propriété, vue dans ses grandes masses, est-elle autre chose que du travail accumulé par l'épargne ?

Paris. — Typ. Georges Chamerot, 19, rue des Saints-Pères. — 27330.